# Lili a un chagrin d'amour

Série dirigée par Dominique de Saint Mars

© Calligram 2008
Tous droits réservés pour tous pays
Imprimé en Italie
ISBN : 978-2-88480-406-6

*Ainsi va la vie*

# Lili a un chagrin d'amour

Dominique de Saint Mars

Serge Bloch

CALLIGRAM

CHRISTIAN ☾ ALLIMARD

9

**10**

**11**

12

13

**16**

19

**20**

21

22

**25**

**28**

* Expression pour parler d'une fille qui ne se marie pas jeune.

**29**

**32**

33

**35**

36

40

# Et toi...

Est-ce qu'il t'est arrivé la même histoire qu'à Lili ?

T'es-tu senti abandonné ? Honteux ? Jaloux ? Trahi ?
Désespéré ? Déçu ? Nul ? Moche ?

Tu as été déprimé ? Agressif ? Renfermé ? Ou t'es-tu
réfugié dans le travail ? Ça t'a fait grandir ?

En as-tu parlé à tes amis, tes parents, tes frères et sœurs ?
On t'a réconforté ? On s'est moqué de toi ?

Tu es devenu cœur d'artichaut ou méfiant ? Tu ne veux plus tomber amoureux de peur de souffrir ?

Te demandes-tu pourquoi tu as cessé de lui plaire ? À cause de ton caractère ou à cause du sien ?

Penses-tu que les autres plaisent plus que toi ? Car ils parlent mieux, ils sont plus drôles, moins coincés ?

Tu n'as jamais été amoureux ? L'amour
ne t'intéresse pas ? Tu préfères tes copains, jouer... ?

L'amour te fait peur ? As-tu vu des gens en souffrir ?
Penses-tu que c'est pour les grands ?

Tu t'aimes comme tu es, même timide ou « moche » ?
Tu penses que tu vaux mieux que celui qui te quitte ?

Tu sais dire ce que tu ressens, ce que tu désires ?
Tu te consoles vite avec d'autres amoureux ?

Tu te sens invulnérable parce que tu es sûr d'être aimé
par ton père, ta mère, tes frères et sœurs ?

As-tu eu d'autres chagrins ? À cause d'une maladie,
d'une mort, du divorce de tes parents ?...

**Après avoir réfléchi
à ces questions
sur les chagrins d'amour,
tu peux en parler
avec tes parents ou tes amis.**